L'IMPOT

PROPORTIONNEL

D'APRÈS LE CAPITAL

Par MM. Jules LABBE et M... des Finances

PRIX : UN FRANC

LILLE, IMPRIMERIE LELEUX,
Grande-Place, 8,
1876

L'IMPOT

PROPORTIONNEL

D'APRÈS LE CAPITAL

Par MM. Jules LABBE et M... des Finances

LILLE, IMPRIMERIE LELEUX,
Grande-Place, 8,
1876

INTRODUCTION

Un problème qui s'impose d'urgence aux méditations, c'est l'impôt, son assiette et sa répartition. De sa solution dépend pour la nation française, aujourd'hui, peut-être la vie, et, dans l'avenir, le développement des forces productives.

Car, si notre pays a traversé une crise pareille à celle de ces dernières années ; s'il a payé une rançon jusqu'ici sans exemple ; s'il a pu reconstituer rapidement ses éléments de travail et ses forces défensives, il ne faut pas oublier que les nécessités d'une situation sans précédents dans le monde économique ont apporté, dans ses ressources financières, un trouble très profond qui s'accuse par un accroissement de 6 à 700 millions au budget.

Sans doute, il s'était résigné d'avance à tous les sacrifices que l'Assemblée devait lui imposer : Le moment n'était pas à la discussion des systèmes ; il fallait trouver de l'argent vite et beaucoup. On courut au plus pressé ; à la hâte on créa des tâxes nouvelles, on augmenta les anciennes; enfin on puisa dans toutes les poches que le patriotisme s'empressait d'ouvrir. De là, dans notre système d'impôts que, même avant 1870, il était urgent de remanier, un désarroi qui sollicite une révision prochaine et complète.

La science fiscale, (est-il besoin de le dire ?) offre un vaste champ d'études: elle se meut à la fois dans le domaine de l'économiste, du jurisconsulte et du spécialiste. Et comme chacun s'isole dans son camp pour la traiter sans recourir aux connaissances et à l'expérience acquises dans les deux autres camps, il a été jusqu'à ce jour impossible aux hommes de théorie pure comme aux hommes spéciaux, de se rencontrer sur le même terrain pour l'adoption en commun soit d'une critique, soit d'un programme.

Comme toujours en pareille circonstance, la vérité n'est absolument ni dans un camp ni dans un autre: les économistes ne sont pas des utopistes pas plus que les spécialistes ne sont des routiniers. Mais, à priori, on courrait un danger égal si l'on confiait l'élaboration des lois fiscales soit aux premiers, soit aux seconds. D'un coté, on risquerait de tarir les ressources nécessaires à l'Etat ; de l'autre, on s'exposerait à compromettre la liberté du citoyen et jusqu'à violer son domicile. C'est en prenant aux uns et aux autres, en cherchant à réunir les deux courants d'idées dans le même lit qu'on peut recueillir des données précises.

Aussi, pas de doute, les questions d'impôt, dans nos sociétés modernes, sont soumises d'une façon absolue à des lois générales d'ordre supérieur, lois qu'aucun prétexte n'autorise à enfreindre. Telles sont celles qui protègent le domicile et la liberté ; ou encore celles qui assurent la validité et l'exécution des conventions; ou enfin, celles qui président à la formation, à la circulation et à la distribution de la richesse.

Il appartient aux jurisconsultes de défendre les premières et aux économistes de faire valoir les secondes. Le spécialiste doit avoir en vue la répartition équitable des charges publiques : la recherche de la fortune des citoyens donnant matière à impôt et la légitime répression de la fraude, sont pour lui des devoirs que le législateur doit s'appliquer à lui rendre faciles. Mais ce qu'il doit désirer surtout, c'est d'être enfermé dans un cercle étroit et d'être prémuni contre son propre entraînement.

Notre plan est donc tracé : nous nous efforcerons de dégager les principes qui dominent la loi fiscale, et qui découlent des nécessités civiles, sociales et politiques ; puis nous rechercherons quelle est la meilleure répartition à faire, entre chaque particulier, des charges du budget.

L'IMPOT PROPORTIONNEL

D'APRÈS LE CAPITAL

PREMIÈRE PARTIE

1. Les anciens impôts et la réforme de 1789.

Lorsqu'on veut fixer le caractère de l'impôt, il faut toujours se reporter à la grande réforme de la fin du XVIIIe siècle.

Auparavant, tout le monde sait qu'il y avait antagonisme entre le roi qui ordonnait les taxes et le peuple qui les payait. L'impôt était alors le revenu, le profit et même le droit de la Couronne. La Nation n'était guère admise dans la discussion et la surveillance des deniers publics que par l'appui qu'elle avait souvent trouvé dans les Parlements et la Cour des Aydes, appui qui avait fini par être à peu près illusoire.

On sait encore que la royauté percevait, avant 1789, des impôts de consommation — les gabelles, entre autres — des droits dits personnels sur les actes soumis au contrôle et à l'insinuation pour les donations ; enfin des droits appelés réels de 100me denier sur les mutations des immeubles ; enfin la taille personnelle ou réelle suivant les provinces.

Nous n'avons pas l'intention de passer en revue les gabelles et les douanes intérieures : tout le monde a sur elles une opinion faite. Mais nous devons nous arrêter aux autres, les taxes personnelles et les taxes réelles, afin d'en bien fixer la nature et surtout afin de détruire les idées fausses que ces mots ont jeté dans les esprits.

Les droits de contrôle et d'insinuation des donations, dits personnels, se percevaient ainsi :

1º Droits proportionnels sur les valeurs exprimées dans les actes ;

2º Droits gradués suivant la qualité des personnes et leur rang dans la hiérarchie sociale ;

3º Droits fixes sur les dispositions simples.

On peut remarquer que seuls les droits fixes et les droits gradués étaient personnels, puisque seuls ils s'adressaient directement aux contribuables. Quant aux autres, basés proportionnellement sur les valeurs, ils n'ont rien de personnel : au contraire, ils saisissent la richesse dans ses rapports avec les contractants. Il est donc vrai de dire que ce mot personnel a été appliqué à ces taxes par opposition à celui de réel par lequel on désignait les droits immobiliers.

C'est contre le centième denier et contre les tailles que s'élevaient surtout les protestations des cahiers. Aujourd'hui, ces grandes discussions sont éteintes et ce n'est pas sans surprise qu'on les a vu reparaître il y a quelques années dans un débat solennel de la Cour de Cassation. Elles avaient sous l'ancienne monarchie, une importance que nous allons faire ressortir.

En langue juridique, on désignait anciennement par droits *réels* tous les droits et toutes les actions ayant pour assiette et pour objet des biens de nature immobilière.

La Couronne, en vertu d'un prétendu droit originel dérivant de la conquête, élevait la prétention de s'attribuer une part dans la propriété des immeubles composant le royaume : de façon que toutes les mutations des biens de cette nature n'étaient complètes qu'avec l'intervention du roi au contrat. De là, l'investiture rendue obligatoire par la formalité connue sous le nom d'insinuation et le prélèvemeut d'un centième du prix ou de la valeur vénale en représentation de la part royale. Le revenu lui même des immeubles donnait lieu au même partage et à la même erreur. La part au roi, la taille, dans les pays d'Etats, était un droit réel prélevé sur le rapport moyen d'une année.

Il n'y a donc pas là, un impôt dans le sens de contribution ! c'est le roi qui prend sa chose à titre de communiste et en vertu d'un droit primordial participant du caractère de la valeur qui en est grévée.

C'est ainsi, du reste, que le comprenait le Tiers-Etat. Aussi, jugeant ces taxes incompatibles avec les principes qu'il avait mission de faire prèvaloir, le vote et la surveillance des deniers publics, il les fit disparaître avec les premières réformes. Le centième denier devint le droit de mutation et la taille l'impôt direct avec le caractère de charges personnelles.

Par l'histoire, nous arrivons donc à dire que l'Assemblée nationale de 1790 a condamné le droit de l'Etat à l'impôt parce qu'une pareille prétention est l'équivalent d'une co-propriété dans les biens de la nation, en même temps quelle est la négation du droit acquis, au profit des contribuables, de consentir tous les subsides nécessaires au gouvernement de la chose publique.

Nous arrivons ainsi à conclure que l'impôt est une dette à la charge des citoyens et non un prélèvement sur les capitaux composant leur patrimoine.

On a songé, dans un autre ordre d'idées, à justifier l'impôt en disant qu'il est le prix de services rendus. Si cela était vrai, il existerait une relation étroite entre l'importance du service et la taxe exigée ; toutes les difficultés d'assiette et de perception disparaîtraient devant cette simple formule : chaque citoyen paye à la société la protection dont il a besoin. On voit bien qu'il n'en saurait être ainsi.

Rigoureusement, l'impôt naît de nécessités sociales. Sa quotité a pour bornes la satisfaction des intérêts d'ordre général, parce qu'au delà, il devient profit pour l'Etat, c'est-à-dire pour ceux qui sont au service de l'Etat.

Or, les contribuables ne doivent de profits à personne, et c'est là la raison pour laquelle ils sont appelés à voter d'abord, à surveiller ensuite, l'emploi des fonds demandés chaque année aux mandataires du pays par le Pouvoir exécutif.

II. Caractère des lois d'impôt.

Les lois d'impôt sont comme les lois pénales : de droit étroit. Elles doivent être claires, précises, complètes. Toutes leurs dispositions obscures sont interprétées en faveur du contribuable et il n'est jamais permis de les étendre par analogie à des matières ou à des cas qu'elles n'ont pas spécifiés.

Il est donc indispensable qu elles soient toujours accompagnées d'une nomenclature exacte des valeurs ou des matières qu'elles prévoient : autrement, les difficultés d'application seraient telles qu'on ne trouverait pour les mettre en valeur que des agents d'une moralité suspecte et d'une conscience préparée à tous les compromis.

Si la loi est mal définie; si, dans tel ou tel cas, son application est laissée à l'appréciation de l'agent fiscal, il est clair que ce dernier tiendra à sa discrétion aussi bien le Trésor que le contribuable.

Il faut donc bien se garder de croire, quand on écrit sur l'impôt, qu'il suffit de généraliser, et qu'on

peut, sur une simple définition, asseoir tout un système de contribution. C'est là une errenr contre laquelle on ne saurait trop se prémunir : la science
pure ne peut rien réduite à ses seules lumières; tout
au contraire, alliée à la pratique, elle peut tout.

La loi fiscale n'a pas de morale particulière: lorsqu'elle encourage et récompense des actes blamés
par la conscience publique, elle se trompe, elle abaisse
les caractères. Classez les différentes lois d'impôt
d'après le jugement des masses et vous aurez comme
terme équivalent, la valeur des administrations financières qui les exploitent.

Ce n'est pas sans raison que nous insistons sur
ces vérités, car nous aurons l'occasion de reprocher
à notre législation actuelle certaines tâches qu'il serait bon de voir disparaître.

Si les grands principes d'ordre moral doivent toujours dominer les lois fiscales, il ne faut pas davan-
tage leur sacrifier les lois civiles. Les conventions
particulières des citoyens ne doivent jamais souffrir
dans leurs effets d'un manque d'obéissance aux pres-
criptions du fisc. Cela se faisait avant 1790, le défaut de paiement de la taxe pouvait vicier un contrat et le rendre nul; certaines pratiques de l'époque
justifiaient cette rigueur, mais, depuis, il n'en est
plus ainsi. On ne s'arrête plus à un pareil vice de
forme, et on fait bien.

Il nous reste à examiner quels tribunaux doivent
connaître des questions d'impôt.

Ici encore, l'Assemblée de 1790 n'hésite pas. Elle
a trouvé les Généralités investies du droit de juger
les contestations fiscales, et son premier soin a été
de placer ces matières dans la compétence des tribunaux ordinaires.

Cette réforme si importante profite toujours aux contributions indirectes, et assurément, les plus grandes

difficultés soulevées par les lois d'impôt se trouvent ainsi déférées aux juges de l'ordinaire avec la matière si délicate de l'enregistrement. Seule, l'administration des contributions directes a recours à un tribunal administratif, le conseil de Préfecture.

Pourquoi ?

Loin de nous la pensée de suspecter ni l'autorité ni l'indépendance des magistrats de cet ordre. Mais, il faut bien le reconnaître, c'est un empiétement du pouvoir administratif sur le domaine judiciaire : c'est donc une confusion d'attributions qui n'a ni prétexte, ni excuse. Les spécialistes ont, malgré eux, des entraînements qui partent, certainement, d'un cœur honnête et dévoué à la chose publique ; ne doit-on pas craindre de les voir communiquer ces entraînements à des juges qui sont des fonctionnaires aussi ? Cette seule considération, qui ne s'élèvera jamais à la hauteur d'un soupçon, suffit pour former à cet égard une conviction précise.

D'ailleurs, ne dit-on pas que les affaires judiciaires diminuent de plus en plus ; que les Tribunaux ordinaires n'ont plus de causes à juger ? S'il en est ainsi, pourquoi ne pas les charger de toutes ces questions si simples, d'une instruction si sommaire ?

La procédure serait aussi réduite que possible quant aux délais et quant aux frais, et on se débarrasserait ainsi, dans un moment où le pays a tant besoin d'économie, d'un rouage absolument inutile.

Il faut signaler ici un abus qui s'est introduit récemment dans les lois fiscales : ce sont les amendes élevées et hors de proportion avec les contraventions. Les contribuables ne les paient jamais sans en demander la remise et font même appuyer leurs pétitions par les hommes qu'ils supposent influents auprès du Ministre. Nous sommes loin de croire à l'efficacité de ces recommandations, mais elles ont l'inconvénient d'embarrasser l'administration.

La vérité, c'est que les réductions sont faites avec beaucoup d'impartialité et qu'elles frappent néanmoins d'une façon très inégale les mêmes manquements à la loi. Nous sommes certains que ce droit de grâce pèse au Ministre comme la condamnation pèse au juge. Voilà pourquoi nous voudrions que les pénalités soient toujours proportionnées à la contravention et toujours appliquées dans leur entier. Autrement, si la loi admet un maximum et un minimum, il est nécessaire qu'elle désigne un tribunal pour appliquer la peine d'après les circonstances plus ou moins graves qui caractérisent chaque affaire : il ne s'agit plus d'un droit de grâce, mais d'un acte de justice ordinaïre.

III. Définition et proportionnalité de l'impôt.

Nous aurions beaucoup à dire si nous devions examiner tout ce que les économistes ont écrit sur le sujet qui nous occupe. Contentons-nous des axiômes mis en lumière par la grande réforme de la fin du siècle dernier et que nous formulons ainsi :

L'impôt est l'ensemble des subsides que la Nation met à la disposition du Pouvoir exécutif pour faire face à des nécessités d'ordre général et en vue desquelles chaque citoyen est appelé à contribuer en raison de ses facultés.

Il n'est pas besoin d'insister sur le caractère nécessaire de l'impôt : on comprend, par ce qui précède, combien il diffère de celui qu'admettaient les doctrines féodales. La difficulté n'est pas là, mais dans la proportionnalité.

Et comme la proportionnalité s'applique aux personnes et non aux choses, la taxe sur le capital direct, c'est l'impôt réel condamné en 1790 ; c'est un droit de partage avec l'Etat entraînant au profit de ce dernier le privilége du droit de suite contre tout détenteur ; c'est encore la négation de ce principe équitable : la déduction des dettes qui peuvent gréver et amoindrir la valeur imposable. Ainsi, un immeuble affecté d'hypothèque, payera autant que s'il était libre. Est-ce juste ? Evidemment non, puisque les facultés de celui qui le possède sont diminuées de l'importance de sa dette.

Nous reviendrons plus loin sur ce point important pour en donner la solution ; cependant nous voyons, dès maintenant, que la loi de proportionnalité conduit forcément à faire de l'impôt une dette personnelle à chaque particulier, calculée sur sa puissance contributive.

Si nous nous reportons au commencement de ce siècle, nous constatons que les immeubles composaient à peu près seuls la fortune publique. Dans cette situation, le fisc n'avait pas à faire de grands frais de recherche, parce qu'en taxant les immeubles, il atteignait, à peu de chose près, toute la matière imposable. Il pouvait donc négliger les valeurs mobilières ou, du moins, quand il daignait s'en occuper, c'était en tâtonnant et plutôt au nom d'un principe que pour en tirer un profit sérieux.

Il y a plus, le capital et le revenu étant les deux termes d'une même nature de biens et, par conséquent, toujours dans le même rapport entre eux, le capital amenant toujours le même revenu et réciproquement, la question d'assiette sur un terme plutôt que sur un autre, ne modifiait pas le résultat.

Aussi, des deux impôts établis sur les immeubles, l'un s'adresse-t-il au revenu et l'autre à la valeur vénale.

Mais, aujourd'hui, nous sommes dans une toute autre situation par suite de la transformation profonde de la fortune publique, qui a créé, à côté du sol, des valeurs mobilières si multiples et si variées. Nous nous trouvons en face de titres de sociétés, de parts d'intérêts, de valeurs de crédit qui prennent toutes les formes pour fuir le fisc et que le législateur s'est vu forcé de soumettre à la loi commune parce qn'elles atteignent le chiffre respectable d'environ 20 milliards, (35 millions de francs représentant la taxe de 3 p. 100 sur le revenu des titres français seuls).

Si encore la science économique s'arrêtait à ce *desideratum* de fixer la puissance contributive de chacun d'après les valeurs saisissables dans leurs manifestations extérieures et publiques; mais elle demande plus : elle présume une deuxième classe de capitaux non déterminés, non susceptibles de tomber sous un recensement régulier, nécessaires aux besoins journaliers, tels qn'argent monnayé, provisions alimentaires, vêtements, meubles, etc., de sorte qu'elle arrive à cette formule :

Pour satisfaire à la loi de proportionnalité rigoureuse, la faculté de chacun est égale à son actif net dégagé du passif; au résultat de son inventaire, en un mot, constaté par l'établissement de sa situation exacte.

Cette base d'impôt est, en effet, mathématique, et si elle doit frapper quelqu'un, c'est un industriel de la valeur de M. Ménier, l'honorable écrivain convaincu qui fait une agitation si utile pour activer la réforme de l'impôt. Comment donc se fait-il qu'il ait pu se laisser égarer au point de perdre de vue, dans l'intérêt de sa cause, une considération aussi simple qu'évidente, et qui rentre complètement dans ses connaissances professionnelles?

Aussi bien pour l'économiste que pour l'administrateur fiscal, la proportionnalité de l'impôt n'est pas autre chose que la taxe unique basée sur les facultés du contribuable. Sans doute, les idées américaines sur la circulation et la promptitude des échanges, sont dignes d'intérêt : le législateur, par tous les moyens possibles, doit favoriser la circulation, et cette distinction en capitaux fixes et capitaux circulants, n'est pas inutile pour l'économie générale. Ce que nous tenons à faire remarquer au point de vue de l'impôt, c'est qu'elle n'est qu'accessoire; ce n'est qu'une vérité contingente opposable aux auteurs des nomenclatures, afin qu'ils ne perdent de vue le mal que produit toute gêne apportée à la liberté de l'échange.

L'impôt proposé par M. Ménier est un impôt sur des capitaux, mais ce n'est pas l'impôt sur le capital ; on a le devoir, au nom de la clarté qui doit toujours exister dans tout système économique, de rectifier l'expression des partisans des idées émises dans l'ouvrage de cet auteur.

L'impôt sur le capital, l'économiste n'en connaît pas d'autre que celui sur la fortune, c'est-à-dire sur le bilan du contribuable, représenté par l'actif diminué du passif. C'est, d'ailleurs, le principe dégagé en 1790 par la discussion magistrale de la Constituante : « Chaque citoyen doit contribuer, suivant » ses moyens, aux charges de l'Etat. »

Les fausses idées sur l'application de l'impôt, celles sur le communisme de l'Etat, celles sur le revenu, celles sur l'impôt progressif, ont fait invasion dans les esprits les plus sincèrement acquis à la cause de la liberté. M. Ménier lui-même en est tout empreint, et la vérité c'est que l'Etat n'a pas de revenu ni de droits sur les propriétés autres que ses propriétés particulières; il n'a que des charges et des dépenses d'intérêt public auxquelles il fait face en prélevant des taxes. Et cela le plus équitablement qu'il peut le faire.

Une autre cause d'obscurité et d'erreur, est celle du revenu prise comme assiette. En 1790, la chose était indifférente ; aujourd'hui, il n'en est plus de même. Pourquoi, dès lors, s'en tenir avec tant d'obstination, à une base dont les données sont si peu régulières? Pourquoi s'arrêter à l'effet lorsqu'il est si facile de remonter à la cause : le Capital?

Nous ne parlerons que pour mémoire des idées attardées sur les impôts indirects qu'on subit en ce moment et que la nécessité seule justifie; ni de celles sur l'impôt progressif, cette tentative encore plus attardée, d'une loi restrictive de la propriété. Cette dernière conception, à supposer qu'elle prenne place dans notre législation, serait destinée à produire les effets d'une nouvelle révocation de l'Edit de Nantes en pourchassant de France la grande industrie et les grands capitaux. Cette élucubration, renouvelée de l'antique, où le droit du citoyen était si discuté et si difficile à conquérir à l'étranger, apparaissant dans nos sociétés modernes où le droit international tend à s'élargir de plus en plus, vient de surgir subitement au Conseil général du département de la France qui, plus que tout autre, vit de l'affluence des grands capitaux et de la présence des étrangers. Il est si facile de démontrer son peu de fondement qu'il est incroyable que dans ce milieu de si grandes intelligences, il n'en ait pas été déjà fait justice.

Nous arrivons de suite à la question fondamentale: Comment répartir à chacun sa charge proportionnelle d'impôt, en suivant la donnée de l'économie politique, c'est-à-dire en adoptant pour assiette l'impôt sur le Capital? Comment faire, sans inquisition, cette opération délicate : l'estimation de la fortune d'un particulier?

La solution du problème est dans l'emploi d'une bonne comptabilité. Toute valeur laisse des traces publiques que le fisc peut saisir et constater. Ces valeurs, il faut les porter dans un registre tenu en partie double, en les appliquant en tout ou partie à la charge de son propriétaire auquel on ouvrira un compte particulier comme contribuable.

Plus d'embarras alors, plus d'équivoque, plus d'omission, plus de double emploi. Les applications faussement indiquées se rectifieront d'elles-mêmes par la réclamation du contribuable lui-même ; le relevé statistique des éléments de la perception, tant en meubles qu'en immeubles, pourra toujours être tenu au courant, et chacune de ces valeurs saisie au moment de son apparition, de sa naissance, de sa création.

Nous aurons ainsi tout à la fois : le registre terrier maintenu en état au jour le jour par le cadastre;

Le registre de la propriété mobilière donnant, en cas de contestation, les meilleurs documents aux juges pour asseoir leur décision;

Et le moyen d'établir rigoureusement au marc le franc, la part contributive de chaque citoyen en donnant à la fin satisfaction tant au législateur de 1790 qu'aux économistes et aux savants de la science expérimentale.

Car, cette solution si difficile du problème d'application pratique posé par ces derniers : « Comment appliquer la taxe dans les rapports de la valeur avec le contribuable?» elle est là, complètement là.

Tel est l'idéal.

Mais, dans les affaires humaines, les réformes nécessaires ne s'accomplissent pas aussi facilement. Il faut un long travail de transition, surtout lorsqu'il s'agit de contrarier des intérêts considérables. Lorsqu'on s'attaque à des usages condamnés, mais intéressants au fond par une longue jouissance de l'abus sur lequel bien des créations respectables ont été étayées. il faut opérer avec la plus sage réserve en procédant avec lenteur et circonspection.

Aussi, à cet égard, sommes-nous complètement d'accord avec M. Ménier pour demander qu'on agisse avec mesure.

Peut-être même n'est-ce pas trop présumer que d'attendre l'équilibre du budget de la seule comptabilité individuelle telle que nous l'appliquons au recensement de toutes les valeurs.

IV. Le Capital doit servir de base à l'impôt et non pas le revenu.

Le revenu peut-il servir à déterminer la puissance contributive des citoyens ?

Evidemment non.

Prenez des capitaux de nature différente répondant à une même expression de valeur en numéraire, 100,000 fr. par exemple; groupez-les dans un tableau comme celui qui suit, en ayant soin de placer en regard de chacun d'eux leur revenu d'une année, et faites la comparaison des produits:

DÉSIGNATION DES VALEURS.	ÉVALUATION		Taxe sur le revenu. 5 %
	en capital	en revenu.	
IMMEUBLES.			
Terres labourables.	100.000	2.500	125
Maison de maître, château, parc, etc.	100.000	1.000	50
Maison de rentier à la ville. . .	100.000	5.000	250
Maisons d'ouvriers.	100.000	10.000	500
Usines	100.000	15.000	750
Terrains vagues à la ville, à bâtir .	100.000	100	5
MEUBLES.			
Créance hypothécaire	100.000	5.000	250
Rentes françaises	100.000	5.000	250
Emprunts des villes. . . .	100.000	6.000	300
Actions de chemin de fer . . .	100.000	7.000	350
Obligations de chemin de fer. .	100.000	5.000	250
Actions de charbonnages . . .	100.000	10.000	500
Actions des Compagnies d'assurances.	100.000	8.000	400
Actions de navires. . . .	100.000	25.000	1250

Ce simple rapprochement en dit certainement plus long que tous les raisonnements, et pour nous conformer à la loi de proportionnalité, nous voyons bien que nous sommes forcés d'établir la taxe sur le capital.

En effet, d'où vient cette diversité singulière qui caractérise le revenu ? Comment une même valeur en numéraire arrive-t-elle à produire tantôt 1 tantôt 25 ?

C'est que le revenu n'est pas un concept simple comme le capital. L'analyse nous y fait découvrir :

Un produit net du capital ;

Une prime d'assurance contre le risque d'amoindrissement ou de perte ;

Une réserve destinée à la reconstitution au fur et à mesure de l'extinction de ce même capital.

Evidemment, nous nous trouvons en face de quelque chose d'insaisissable. Car, comment apprécier le risque ? comment dégager le produit net ? devrons-nous prendre pour base de la force contributive ces trois éléments réunis en un tout indivisible ?

Personne n'admettra que le dividende d'une action ou le produit d'un navire — deux valeurs sujettes à des risques et à un amortissement plus ou moins rapide — devront être frappées à l'égal du revenu de la terre labourable, ou d'une créance garantie par une hypothèque de premier ordre.

Etablira-t-on des catégories de capitaux ? des taxes de quotités différentes ? On l'a fait pour la plupart des valeurs et nombre d'impôts. C'est cependant un système tout à fait arbitraire qui ne repose sur rien d'exact. En cette matière, la législation n'a pas actuellement de principes : l'impôt direct s'adresse au revenu net, les droits de succession se perçoivent sur le revenu brut des immeubles et sur le capital des meubles ; tout est illogique et contradictoire.

De ces considérations, nous arrivons à constater le fait suivant :

Le terme numéraire par lequel s'exprime la valeur d'un capital décroît à proportion du risque et de l'amortissement dont ce capital est grevé. Le revenu, au contraire, suit la progression du risque et de l'amortissement.

Mais ces deux termes : risque et amortissement, ne constituent pas des valeurs. Ce sont des négations de valeurs. D'où il suit qu'en établissant l'impôt d'après le revenu, on fait entrer dans le compte de la puissance contributive, des négations; ce qui est contraire au principe de proportionnalité.

Les partisans, ou si l'on aime mieux, les habitués de l'impôt sur le revenu, nous adressent cette objection :

Dans une année de crise, la valeur des capitaux baissera beaucoup, tandis que le revenu restera le même, ou, du moins, subira une dépréciation moins sensible; de sorte, qu'en calculant l'impôt sur le capital, vous exposez le budget à un déficit considérable.

Il est incontestable qu'une crise a toujours pour effet de faire baisser la fortune publique et qu'elle a plus d'action sur la valeur vénale que sur le revenu. Toutefois c'est une illusion, au fond. Est-ce que ce n'est pas toujours la même somme qu'il faut trouver ? Est-ce que ce n'est pas toujours le même contribuable qui paie ?

Toute la question se borne à ceci : la loi de proportionnalité est-elle mieux observée en déduisant la force contributive de chacun d'après la valeur vénale que d'après le revenu ? On ne paie pas l'impôt avec le capital, c'est bien certain, mais peu importe, il n'est pas question de cela. Si la force contributive diminue, les besoins restant les mêmes, il n'y a qu'un remède ; c'est d'augmenter la quotité de la taxe. Or, ce résultat sera-t-il évité parce qu'on aura basé cette taxe sur le capital au lieu du revenu?

Qu'on accepte donc ce principe : l'impôt d'après le capital est plus équitable que d'après le revenu. C'est une vérité qui défie toutes les critiques et nous pensons l'avoir démontré d'une manière irréfutable.

V. Distinction des biens et leurs rapports avec ceux qui les possèdent.

Nous avons fait de l'impôt une dette personnelle à chaque citoyen, une dette proportionnée à ses facultés; puis, définissant cette proportionnalité, nous avons établi qu'elle était la résultante des valeurs composant l'actif net du contribuable.

Cette théorie nous conduit naturellement à l'examen de ces deux propositions :

1° Les valeurs sont-elles de même nature, et présentent-elles la même stabilité au point de vue du recensement ?

2° Comment les rattacher à leurs possesseurs par un lien juridique saisissable, défini par la loi et prouvé par des moyens de droit commun?

On pourrait ici s'engager dans des distinctions économiques qui n'auraient pas les suffrages des hommes de la science expérimentale sur le terrain desquels nous sommes tout-à-fait établis. Il est préférable de s'en tenir aux règles du Code civil qui ont pour tous, une raison et une autorité indiscutables.

L'accord, d'ailleurs, est plus complet qu'il ne paraît au premier abord. Le législateur semble même s'être inspiré de la théorie de proportionnalité dégagée par les discussions de 1790: on le voit bien dans l'art. 533.

En outre, le Code —avantage inappréciable— nous offre cette nomenclature sans laquelle nous avons montré qu'il n'y a pas d'impôt possible.

Après avoir dit art, 516 que « tous les biens sont meubles ou immeubles le Code s'applique, dans les art. 517 à 536, à définir et à classer chaque nature de biens. C'est là un corps de doctrine qui s'impose et qui dispense de toute discussion. Il n'y a qu'à reprendre cette énumération au point de vue fiscal et à faire une classification des valeurs d'après leur facilité de récolement et leurs liens de propriété. Ce sont les deux seules conditions qui doivent préoccuper en cette matière.

On peut déjà considérer que les biens immeubles, sans exception, sont d'un facile recensement puisqu'ils présentent une stabilité indestructible et un lien de propriété saisissable à tout moment et sans effort. Généralement, leur possession a le mérite d'être continue, paisible, publique, sans équivoque, (art. 2229 du Code civil).

Parmi les meubles, il en est qui ont ce même caractère de fixité et de possession; dês lors rien n'empêche de les traiter comme les immeubles.

Au surplus, le code continue à nous servir de guide. En principe, l'art. 2279 pose cette règle : « en fait de meubles, possession vaut titre. »

Puis viennent les art. 1315 à 1356 qui traitent des preuves et des présomptions. En cette dernière matière si délicate, l'art. 1353 va aussi loin qu'il est permis : « les présomptions qui ne sont point établies « par la loi, sont abandonnées aux lumières et à la « prudence du magistrat qui ne doit admettre que « des présomptions graves, précises, concordantes et « dans les cas seulement où la loi admet les preuves « testimoniales. »

Nous avons tenu à reproduire la lettre de cette doctrine, parce que notre intention est d'examiner plus loin dans quelle mesure il convient de l'appliquer, en vue de l'impôt, aux valeurs dont l'existence est bornée à moins d'une année ou qui sont possédées d'une façon occulte. C'est de cette nature de biens que s'occupe l'art. 533. Dans le premier cas, un recensement régulier n'est pas possible, dans le deuxième cas, l'action du Trésor n'arrive pas à les saisir, à moins de mettre en œuvre contre eux les moyens condamnés par la liberté et la morale.

Pourtant, ils sont une partie de la richesse, ils concourent à augmenter la puissance contributive de leurs propriétaires; dès lors il n'est pas permis de les négliger sans violer la loi de proportionnalité. C'est ainsi qu'on arrive à cette conclusion qu'il est nécessaire de les comprendre dans l'actif des contribuables. Seulement, comme le recensement direct ne saurait les atteindre, il y a lieu de les remplacer par des équivalents ou des coefficients correspondant à certains faits, à certaines présomptions qui accusent leur existence et leur possession.

Sans doute, ce sont là des moyens qui manquent d'exactitude, mais aussi sont-ils réservés pour la très-faible exception. Il est bien entendu que toutes les valeurs susceptibles d'être recensées directement, mathématiquement, sont portées au compte individuel de chaque contribuable, et que ce n'est qu'à défaut absolu de lien de propriété ou encore de stabilité qu'il y a lieu de recourir aux équivalents déduits des présomptions. C'est à la science expérimentale à trouver le moyen de restreindre de plus en plus l'emploi de ce dernier mode d'évaluation et on peut avoir l'assurance qu'elle fait depuis longtemps des efforts dans ce sens. C'est là, du reste, la source de tous ses progrès.

D'ailleurs, les présomptions servant de base à l'impôt, ne sont pas une nouveauté. Les contributions mobilières et les patentes sont aujourd'hui fixées d'après des évaluations en tout semblables à celles que nous proposons et on pourra voir que nous risquons moins de nous tromper que la loi en usage actuellement, parce qu'en groupant uu plus grand nombre de faits, nous élargissons la base d'application.

VI. Conclusion de la première Partie

La première chose à faire dans l'état actuel des finances de la France pour atteindre le but que tout le monde entrevoit et désire, c'est de réunir toutes les lois d'impôt, de les coordonner et de les codifier, dans un seul tout. Ce travail d'ensemble amènera de lui-même l'unité dans la direction du ministère des finances et la proportionnalité dans la répartition des taxes. Toutes les écritures inutiles disparaîtront en même temps, de sorte que cette refonte générale aura pour résultat immédiat l'ordre et la clarté.

Que celui qui paie sache bien qu'il doit ce qu'il paie. L'obscurité des lois d'impôt, leur manque d'harmonie, coûtent des démarches, des consultations, des déplacements: toutes choses qui augmentent les charges sans profit pour personne.

Cette refonte générale de toutes les dispositions éparses de la matière fiscale est une première étape à franchir et nous faisons appel au concours de toutes les bonnes volontés sur ce terrain pacifique.

DEUXIÈME PARTIE

Application de l'impôt proportionnel.

Les moyens actuels de l'administration française nous suffisent.

Lorsque nous avons entrepris cette étude sur l'impôt. nous avons prévu qu'elle pourrait soulever bien des préventions, c'est pourquoi nous nous sommes appliqués avec un soin jaloux à ne rien emprunter aux théories risquées de l'école empirique. Nous le répétons, tous nos principes généraux sont tirés des discussions de 1790 et nous ne marchons que prudemment appuyés sur la loi civile que nous trouvons, en bien des points, d'accord avec la loi économique.

C'est là notre force et nous ne nous écarterons pas de ce programme dans les pages que nous allons consacrer à l'établissement de notre système.

La science de l'application de l'impôt, en est arrivé depuis 1790, a une puissance de moyens que le public est loin de soupçonner, et, pourquoi ne pas le dire, que l'administration financière pourrait exploiter avec plus d'économie pour l'Etat et pour les particuliers. Ce que l'on doit avoir en vue est donc une réforme profonde aussi bien dans les lois d'impôt que dans l'organisation du ministère des finances.

En un mot, nous tendons à la simplification et à l'unité, sans trouble, sans révolution, mais aussi sans faiblesse, par des moyens progressifs, et qui n'ont rien de hasardé parce qu'ils sont dans les mains de l'administration.

Nous demandons :

Un Code fiscal, embrassant toutes les branches de l'impôt.

Une direction unique.

Pas de perception en double et pas d'écritures en double.

Toutes les archives de l'Etat centralisées, coordonnées, à la disposition de tous les agents.

Aujourd'hui, les valeurs sont recensées par l'administration des contributions directes pour l'application de l'impôt annuel ou direct, et par l'administration de l'enregistrement pour l'application de la taxe accidentelle de mutation.

La première se sert du cadastre, d'un rôte mobilier et de patentes, de différents rôles pour les chevaux, les voitures, les billards, etc.

La seconde emploie : 1º un registre appelé répertoire général et présentant le groupement de toutes les valeurs mobilières et immobilières, sous le nom de leurs propriétaires ; 2º plusieurs autres registres servant de rôles aux impôts de timbre, de transfert et de 3 pour 0/0 qui frappent les titres et valeurs industrielles, commandites, etc., ainsi que le droit de 8 p. 0/0 en principal prélevé sur les primes d'assurances.

Il est nécessaire de rechercher brièvement à mettre ces documents en harmonie avec notre programme; les changements à y introduire ne portant que sur des points de détail.

§ 1. Cadastre.

Tout le monde sait ce que c'est que le cadastre. C'est le livre terrier, le recensement de toutes les propriétés foncières. Dire qu'il doit subir avant peu une réfection totale, c'est exprimer le vœu général. Au surplus, les Pouvoirs publics sont saisis de la question, et nous sommes convaincus qu'ils s'efforceront de lui donner la meilleure et la plus large solution. C'est pourquoi nous ne nous y arrêtons pas. On peut consulter à ce sujet les études comptètes de M. le Président Bonjean, la victime si regrettée de la commune (1).

Au reste, il semble que si l'administration des contributions directes avait voulu s'intéresser aux bornages, les diriger ou simplement en profiter, elle serait arrivée peu à peu, au moyen d'une procédure spéciale et sans frais, à refaire le cadastre avec le concours et l'initiative des propriétaires fonciers.

Elle dispose d'un personnel d'élite, mais il est restreint et on ne saurait lui demander à la fois un travail géodésique, un travail judiciaire et un travail financier. A chacun son lot.

L'établissement des plans, leur conservation et leur tenue au courant est de la specialité du service des ponts-et-chaussées.

La concordance des documents cadastraux avec les titres de propriété rentre dans les attributions des tribunaux civils.

Enfin, l'estimation des immeubles et le rôle de l'impôt reviennent aux deux administrations que nous désirons réunir.

Cette estimation devra être établie en capital et non en revenu. M. Menier a trop bien motivé cette

____

(1) Juillet 1874, Paris, A. Durand et Pédone Lauriel, 9, rue Cujas.

préférence dans les pages 390 à 400 de son remarquable ouvrage : l'Impôt sur le capital ; nous-mêmes, nous croyons en avoir suffisamment démontré l'équité au point de vue de la proportionnalité pour n'avoir pas à insister ici, de nouveau, sur cette nécessité.

De son côté, M. Garnier, Conseiller - Maître à la cour des Comptes, dans une étude qui date déjà de plus de vingt ans et soumise en ce moment à la commission spéciale de l'Assemblée nationale, a montré avec sa haute compétence, combien la chose est facile et quels résultats on doit en espérer.

Les conséquences immédiates peuvent se résumer ainsi :

1° L'évaluation cadastrale devenant la base unique des deux impôts direct et de mutation (1) ;

2° Possibilité de déduire les dettes de l'actif des successions pour l'assiette du droit de mutation (voir le n° 3885 du rép. périodique de M. Garnier, où cette importante question est traitée à fond (2).

Ces points essentiels sont conformes à l'équité et la solution pratique en sera donnée plus loin; mais elle n'est possible qu'en liquidant l'impôt d'après le capital.

Un autre résultat indirect serait de procurer un grand allégement aux contribuables aussi bien qu'aux deux administrations des contributions directes et de l'enregistrement. Les écritures nécessitées par les mutations immobilières se font aujourd'hui en double au cadastre et au répertoire général, d'après le même registre de formalité, de sorte que l'État supporte une double dépense sans aucune né-

---

(1) Dans les pays de baux à partage de fruits, l'impôt de mutation par décès est assis sur le revenu cadastral rehaussé. A Paris, et dans les grandes villes, il est assis presque exclusement sur l'estimation des contributions directes.

(2) M. Delamotte, rue Christine, 9, Paris.

cessité. L'intérêt du budget est donc directement intéressé à cette réforme.

Par là, (l'évaluation en capital) disparaîtrait la loi de 1871, sur les baux et les locations verbales. Les déplacements fréquents et coûteux que cette loi occasionne aux particuliers, les amendes élevées dont elle frappe les retardataires sans avertissement, les écritures si minutieuses et si considérables qu'elle nécessite, la destinent d'ailleurs à tomber dans l'oubli dans un temps très rapproché.

Enfin, la dissimulation dans les ventes et dans les déclarations n'aurait plus d'objet : cette immoralité chronique ne vicierait plus les actes et n'altérerait plus les intérêts des contractants.

On comprend donc toute l'importance qui s'attache à l'estimation en capital des propriétés immobilières ; ce n'est pas seulement un intérêt de système, c'est avant tout un intérêt d'ordre supérieur et général.

§ 2. Répertoire général.

On désigne ainsi le registre des comptes individuels tenu au courant depuis le 1er janvier 1866 dans les bureaux d'enregistrement et servant à grouper, sous le nom de chaque propriétaire, les divers actes de la vie civile, concernant sa personne et ses biens.

Il est divisé, comme un grand livre de commerçant, par actif et passif.

Sont inscrits à l'actif :

Les propriétés immobilières, propriété, usufruit et jouissance ;

Les actions de la Banque de France et des quatre canaux, les rentes sur l'Etat, lorsque ces valeurs sont immobilisées ;

Les constitutions de rentes et titres nouveaux ;
Les créances à termes ;
Les cautionnements en rentes ou en argent ;
Les commandites ou parts sociales ;
Les contrats de mariage ;
Les partages ;
Les cessions de droits successifs.

Nous nous occuperons du passif plus tard. Mais il est facile de voir qu'il y a là tous les éléments d'un rôle. Il suffit, pour le rendre complet, d'y ajouter toutes les valeurs présentant les caractères que nous avons définis, valeurs dont nous trouvons la nomenclature dans le Code civil, art. 517 à 537.

Il est donc indubitable qu'au moyen du cadastre et du répertoire général qui sont alimentés par l'enregistrement des contrats, on peut dès aujourd'hui établir et tenir au courant le compte individuel de tous les citoyens, en capitaux immobiliers et mobiliers susceptibles de recensement direct.

Dès lors, il y a lieu de s'en tenir à ces deux documents et d'en faire la clef de voûte de l'impôt direct et annuel, car, à eux deux, ils résument la puissance contributive de chacun.

A une condition cependant, c'est que le passif viendra en déduction de l'actif. Mais, ceci est-il un embarras ? Evidemment non: il n'y a pas de débiteur sans créancier. et comme nulle dette ne sera admise à figurer à un compte si elle n'est reportée à l'actif d'un autre compte correspondant, le trésor qui n'a ni à gagner ni à perdre à ces transpositions, en laissera l'initiative aux seuls intéressés.

Ici encore, la nécessité de la réunion des deux administrations de l'enregistrement et des contributions directes se fait sentir parce que le travail ainsi entendu, a pour base les registres de formalité et le recensement.

Nul doute qu'on doive s'attacher à faire de ce livre le répertoire général, l'inventaire toujours au courant de la fortune mobilière de la France, comme le cadastre en est l'inventaire des valeurs immobilières. On verra s'il est bon, au point de vue de l'intérêt général, et à titre de protection particulière, d'excepter tel ou tel capital de la taxe commune (1). Mais ces capitaux favorisés n'en devront pas moins entrer en compte afin que le pays puisse voir à tout instant clair dans ses affaires et apprécier l'étendue et l'équité des sacrifices qu'il s'impose. Les règles d'une bonne et saine comptabilité l'exigent impérieusement.

Il y a cependant une distinction à faire pour les titres de valeurs industrielles, les actions, obligations, parts d'intérêts, etc.

On peut les classer en titres nominatifs et titres au porteur, lesquels, sans exception, sont rattachés par un lien commun au siége de la société d'émission, laquelle paie les dividendes, les intérêts, rembourse les capitaux à échéance, etc. Il n'y a pas, dans la situation, à s'occuper des détenteurs : chaque société aura son compte particulier comprenant son actif et son passif ; chaque société paiera l'impôt en bloc pour le compte de ses actionnaires et de ses obligataires à titre d'avance, et en fera la retenue sur le montant de ses coupons. C'est le mode usité aujourd'hui ; il n'y a qu'à le suivre en le simplifiant comme nous aurons à le dire plus loin.

Nous espérons que la simplicité d'un système qui consiste à se servir, en les centralisant, des moyens en usage dans les deux administrations de l'enregistrement et des contributions directes, sera comprise de tout le monde. Les hommes qui cherchent le mieux et qui se tiennent dans l'abstraction faute

---

(1) Les terrains à drainer ou à reboiser, les constructions neuves, les machines agricoles, les bestiaux, l'outillage d'une industrie nouvelle, etc.

l'espérons, à nous suivre dans cette voie que la
science expérimentale leur révèle, mais dans la-
d'être initiés à la pratique, n'hésiteront pas, nous
quelle de vieilles traditions l'empêchent de s'engager elle-même avec résolution.

§ 3.

Rôle de l'Impôt mobiler et des patentes

A côté de ces valeurs régulièrement recensées,
tantôt directement, tantôt au vu des registres de formalité, il existe d'autres biens que le Code civil désigne dans les art. 533 et 534 : ce sont tous ces
capitaux protégés soit par l'inviolabité du domicile,
soit par le défaut de stabïlité dans les mêmes mains,
soit enfin parce que la consommation les anéantit
au fur et à mesure de ses besoins.

Et cependant, il n'est pas douteux qu'ils constituent au profit de leurs possesseurs une richesse
sui generis qui doit entrer dans le compte de leur
force contributive.

C'est encore à la loi actuelle à servir ici de guide.

Qu'est-ce en effet aujourd'hui que l'impôt mobilier
et des patentes? Quelle partie de la richesse publique
a-t-il en vue ? Sur quelle base est-il établi? N'est-ce
point là deux taxes identiques ayant un point de
départ commun?

Ne pouvant atteindre directemeet et par le recensement certaines valeurs énumérées par le code, le
législateur s'est appuyé sur des apparences, sur des
faits qui les révèlent, qui les trahissent extérieure-
ment. Dans son impuissance à saisir mathématiquement la matière imposable, il a classé, en raison de
leur concordance, certaines présomptions tirées de
la vie civile et commerciale des citoyens, et ces présomptions sont devenues pour lui des preuves, des
équivalents des valeurs qui lui échappent.

Evidemment, la loi est dans le vrai quand elle s'arrête à la porte des citoyens, aussi bien que lorsqu'elle cherche à se rapprocher de la proportionnalité par l'évaluation des présomptions. C'est là un moyen dont elle autorise l'usage dans certaines conditions définies par les art. 1349 à 1353 du Code civil. Il n'y a donc qu'à lui demander des règles spéciales à la matière, conçues dans le même esprit de sagesse.

Que le soin de réunir ces éléments de présomption soit confié, par exemple, aux agents du Trésor et qu'on réserve la fixation de leur coëfficient aux répartiteurs, aux tribunaux de commerce, aux chambres d'agriculture, aux corps électifs ; qu'on soumette, en cas de contestation, le compte entier du contribuable au tribunal ordinaire en suivant une procédure sommaire et sans frais ; qu'on édicte enfin toutes les garanties capables de protéger l'intérêt général de l'État, aussi bien que celui des particuliers, et on verra, qu'avec la clarté introduite dans l'assiette et dans la perception de l'impôt, la complication disparaîtra et l'équité sortira d'elle-même réelle et sérieuse d'un pareil système.

Le reproche à faire à l'impôt mobilier comme à celui des patentes, c'est de ne pas être conçu d'une façon assez large. Plus on groupera de faits, plus on élargira la base de l'assiette et moins on risquera de s'écarter du principe. Il ne faut pas, sans doute, espérer en ceci l'exactitude mathématique, la vérité ne sera jamais que relative. Mais, avec une taxe modérée sortie de nombreux éléments d'appréciation, on n'aura pas à redouter de trop grands écarts.

Maintenant, est-il vrai que les taxes sur les valeurs non soumises à un recensement régulier contrarient la production et sont un obstacle à la formation de la richesse comme le prétend M. Ménier?

On peut dire avec autant de raison que frapper le consommateur c'est diminuer ses moyens d'acheter, qu'imposer le fabricant, c'est diminuer ses moyens de produire. Ce qui paraît évident, c'est que le prix de revient de la matière fabriquée est tout autant affectée par les taxes sur les capitaux recensés, que par celles sur les valeurs restées dans le courant commercial.

D'ailleurs, l'impôt que la science pure préconise comme idéal donne satisfaction complète à cette préoccupation touchant la circulation : les plus grandes facilités à laisser à l'échange d'après l'essence même du principe qui est la justice distributive exacte dans l'application de la taxe, aucune valeur n'est astreinte à l'impôt que par son évolution annuelle. De là, la conséquence que plus un commerçant ou détenteur aura fait d'échange dans un an, moins la taxe sera proportionnellement élevée: la quantité imposée au bout de l'année étant égale à la moyenne que le contribuable est censé posséder en magasin au moment de l'assiette de l'impôt.

Mais arrivons à l'application de ce qui précède. La taxe correspondante à l'impôt mobilier sera, si l'on veut, un impôt sur le revenu; elle sera établie sur :

Le montant du loyer d'habitation;

La profession;

Le nombre de domestiques attachés à la personne;

Les chiens, les chevaux, les voitures;

Les baux de chasse;

Les billards;

Tous les faits qui peuvent dénoncer la richesse.

De même pour les patentes. Bien des éléments méritent d'être relevés à l'actif du commerçant, tels que :

Les capitaux engagés, quand il existe un acte de société; les émoluments prélevés par mois;

La valeur du fonds de commerce;

Le nombre de voyageurs, de commis, d'ouvriers;

Les résultats de l'inventaire annuel ; la déclaration du chiffre d'affaires lorsque les contribuables de bonne foi désireront les communiquer sous certaines garanties;

Les marchés souscrits;

Les ouvertures de crédit; etc.

Une question se présente à propos des cultivateurs. Doivent-ils être assujettis à la patente? C'est une affaire délicate et d'opportunité. Mais nul doute que leur compte doive être établi comme pour les industriels, sur :

La valeur des terres qu'ils exploitent et qu'on trouve recensées au cadastre;

Leurs attelages, leurs ouvriers, leur matériel en œuvre, machines à battre, pressoirs, cuves;

Leur bétail à l'engrais, vaches laitières, animaux de basse-cour.(1)

Ces exemples suffisent pour faire comprendre de quelle manière on peut remplacer des valeurs qui échappent au recensement direct par des équivalents afin de se maintenir toujours dans le grand principe de proporitionnalité qui domine tout système d'impôt.

Il est d'ailleurs de règle, cela a été déjà dit, de traiter tous les capitaux saisissables par le recensement d'une façon uniforme et de les comprendre aux comptes individuels pour leur valeur réelle propre. C'est ainsi qu'on ne s'explique pas pourquoi les officiers ministériels, les agents de change, les courtiers ne paient pas l'impôt d'après le prix connu ou le produit de leurs charges au lieu d'être taxés au moyen de présomptions communes n'ayant rien d'exact. C'est un exemple de ce que nous avons dit que toutes les

____

(1) Il existe un recensement partiel de ces valeurs dans le rôle de prestation.

fois qu'il était possible d'abandonner les équivalents pour la valeur recensée directement, il fallait le faire sans hésitation pour obéir à la règle de l'équité.

Conclusion de la 2me Partie.

La conclusion forcée de ce qui précède c'est l'impôt unique.

On peut constester la valeur de nos moyens de recensement: nous espérons nous-mêmes que la pratique fiscale n'a pas dit son dernier mot. Mais, tel qu'il est, le système proposé est ouvert à toutes les améliorations et il a l'avantage d'être en plein exercice.

Personne, dès lors, étant admis que la fortune de chaque citoyen se présente dans un compte courant, personne ne songera à créer plusieurs taxes et plusieurs receveurs. Le rôle unique, en centralisant toute la matière imposable, devient l'expression rigoureuse de la puissance contributive, et le Trésor n'a plus besoin de diviser le fardeau pour le rendre plus léger. Son intérêt comme l'intérêt de tout le monde demande qu'il épuise en une seule taxe proportionnelle le subside annuelle que la nécessité d'Etat l'oblige à prélever sur les biens de la nation.

TROISIÈME PARTIE

Système transitoire.

___

Impôt de transmissions.

La taxe unique, basée sur le recensement des valeurs en forme de comptabilité, ramène forcément toutes les perceptions à l'impôt direct et annuel. Malheureusement, la nécessité que tout le monde apprécie, dominera encore bien longtemps les principes et éloignera le but vers lequel il faut tendre.

Cependant, si l'intérêt du pays commande absolument de respecter les taxes accidentelles, il ne saurait être défendu de chercher à en réformer les écarts et la proportionnalité est le phare sur lequel doit s'orienter toute loi d'impôt.

De temps immémorial, la transmission des droits immobiliers, donne lieu, en France, à la perception d'une taxe proportionnelle à leur valeur réelle. Cette perception fut étendue en l'an VII, à toute la fortune mobilière; puis en 1850, 1857, 1871 et 1872, aux titres industriels, parts d'emprunts, actions, obligations aussi bien françaises qu'étrangères, aux fonds de commerce, etc. Seulement, toutes les lois qui régissent cette matière ont été faites pour répondre à des besoins de budgets en déficit, et il est urgent de les refondre pour leur donner l'harmonie d'ensemble et d'unité qui leur manque.

Et d'abord, l'assiette doit être la même pour l'impôt direct et l'impôt accidentel de mutation, la valeur vénale ou d'échange est la mesure exacte de la force contributive à laquelle il faut revenir. Si cette mesure est bonne pour l'un, elle est bonne pour l'autre et le mieux est de s'y tenir sans regret pour un passé dont les institutions sont incapables de s'adapter aux besoins économiques de notre époque.

C'est pour avoir méconnu ce principe que le législateur est tombé dans ces anomalies que rien n'explique, ni ne justifie à propos des successions, des donations et des échanges. Ainsi, pour ces mutations spéciales, le revenu des immeubles, capitalisé par vingt, sert d'assiette à l'impôt, tandis que lorsqu'il s'agit de transmissions à titre onéreux, c'est la valeur vénale qui devient la base de la perception. La conséquence est celle-ci : pendant que des immeubles ruraux paient à raison d'un revenu de $2\ 1/2 \times 20$, les maisons d'ouvriers, les usines paient à raison de 10×20. C'est-à-dire que les premiers sont taxés à moitié et les seconds au double de leur valeur.

Nous demanderons encore l'évaluation en capital des immeubles dans les successions afin de pouvoir déduire les dettes de l'actif et ne frapper que l'accroissement de fortune dont profite utilement l'héritier. Tous les spécialistes nous comprendront et nous dispenseront d'entrer dans les détails d'une question épuisée.

Cependant, cette proposition de la déduction des dettes porte plus loin : elle tend à changer la nature même du droit de mutation. Qui dit droit de transmission, dit droit perçu sur la chose ou sur la valeur vénale de la chose transmise, indépendamment des charges dont elle est grévée. C'est ainsi que l'entend la loi, et, en la modifiant dans le sens indiqué, on ne réserve plus qu'un droit d'accroissement, droit proportionnel à la valeur utile dont profite l'acquéreur.

Après tout, l'impôt ainsi compris n'est-il pas plus

équitable que le droit actuel de mutation? Assurément oui, et nous n'hésitons pas à le préférer.

Généralement, la taxe proportionnelle s'acquitte au moment et à l'occasion de chaque transmission. Mais quand il s'agit de biens dits de main-morte, de biens qui ne changent pas de propriétaire parce qu'ils appartiennent à une société anonyme, à un être moral, alors l'impôt accidentel est remplacé par une moyenne annuelle ajoutée à la contribution directe. Il en est de même pour les titres au porteur dont les transferts échappent à tout contrôle, à toute investigation. Le droit ordinaire devient un abonnement que la société d'émission est chargée d'avancer.

Il y a là le principe d'une réforme qu'on devrait appliquer à différentes valeurs.

Ainsi, les ouvertures de crédit, les emprunts de toute nature, demanderaient à être traités avec la même faveur. N'est-il pas bien dur de prélever 1 % en principal sur la somme qu'emprunte sur hypothèque le propriétaire ou le cultivateur gêné? Et n'est-il pas plus dûr encore d'ajouter à ce droit si élevé une taxe supplémentaire de 50 cent. p. %, dans le cas où le débiteur a recours à une caution parce que son crédit personnel n'offre pas une garantie suffisante? Peut-on dire que cette taxe supplémentaire est une taxe de mutation? Et peut-on dire qu'elle s'adresse à la richesse? Rien ne la justifie : elle est tout simplement inique.

Il y aurait donc, suivant nous, avantage à répartir l'impôt sur la durée du prêt. Ce serait peu de chose à ajouter à l'intérêt et le compte du créancier en serait débiteur envers le Trésor.

En tout état de choses, l'impôt de transmission est subordonné à une question d'opportunité et il faut s'appliquer à le faire coïncider avec le moment le plus favorable pour le contribuable. C'est affaire d'ex-

périence, et si, dans certains cas, il est avantageux
de le convertir en annuités, dans d'autres, comme
dans les successions, les acquisitions, il faut profiter d'un règlement d'affaires de famille, d'un moment prospère, et l'exiger en une seule fois.

Une dernière question :

Avant 1790, le droit de contrôle, à défaut d'énon-
ciation de valeurs dans certains actes, visait la
qualité des personnes et était proportionné au rang
social des contractants. Aujourd'hui, il varie de
qualité avec le degré de parenté des héritiers, avec
le caractère des contrats, avec la nature des biens.
Les partisans de l'impôt progressif croient voir dans
ces données un essai timide de leur théorie et ils
partent de là pour réclamer un tarif gradué en raison
de l'importance des valeurs assujetties à l'impôt.

Pour nous, fidèle à la loi de proportionnalité et
aux principes économiques, nous trouvons une égale
difficulté à justifier les deux systèmes; l'un et l'autre
nous paraît incompatible avec la taxe unique.

§ 2. Actions, Obligations, Valeurs françaises & étrangères etc. Rentes sur l'État.

Les valeurs de toutes sortes, françaises et étrangères
(les rentes sur l'état exceptées), sont frappées de trois
taxes :

1° L'impôt du timbre sur le capital nominal du
titre. Il est payable par abonnement, par trimestre et
d'avance ;

2° L'impôt de transfert sur la valeur vénale d'après
le cours de la Bourse. Les valeurs nominatives acquittent le droit à chaque mutation constatée sur les livres
des sociétés; celles au porteur paient le même droit

par abonnement tous les trimestres et après échéance;

3° Enfin vient le 3 pour cent sur les dividendes et les intérêts, payable également par trimestre, sauf règlement d'après les délibérations des conseils d'administration, les inventaires annuels.

On voit combien tout cela est confus. Le droit de timbre tel qu'il est appliqué présente cette iniquité qu'un titre d'obligation valant 300 francs en bourse, mais remboursable à 500 francs, paie sur 500 francs; qu'une action de charbonnage émise à 500 francs, valant 30 ou 40,000 francs, paie également sur 500 francs. On aura beau nous opposer les principes spéciaux de la matière, nous répondrons toujours que toute loi fiscale n'a qu'un seul principe dominant tous les autres, c'est celui qui nous guide et que nous invoquons sans cesse.

Et puis, que de démarches inutiles pour les débiteurs obligés de se rendre dans plusieurs bureaux à époques rigoureusement fixées ! que de temps perdu ! que d'écritures en double ! etc.

Oh ! les écritures inutiles ? elles coûtent cher à l'État !

Une loi simple, une taxe unique établie par rôle et payable par douzième sur la valeur moyenne cotée à la bourse comme pour le transfert des titres au porteur, peut faire disparaître toutes ces complications sans troubles et sans mécompte pour le budget. C'est une réforme à accomplir tout de suite; il n'y a pas a moindre objection à y opposer.

Une autre taxe a été établie en 1871 sur les primes encaissées par les compagnies d'assurances. C'est un impôt d'une perception facile ; les sociétés sont riches. Donc, au premier abord, on n'y voit rien à redire;

Mais analysez les effets :

La quotité des primes est en raison directe des risques. Or, les risques d'incendie sont plus grands pour une chaumière que pour un château; pour une usine que pour une maison de rentier. D'où, la conséquence que le capital du pauvre et celui de l'industriel coûtent plus cher à assurer que celui du riche; que l'impôt frappe plus fort le premier que le second.

Mais nous allons plus loin.

Pourquoi l'Etat traite-t-il plus mal les capitaux assurés que ceux qui ne le sont pas ? S'il agissait en bon père de famille, il encouragerait la prévoyance et c'est tout le contraire qu'il fait.

De deux choses : ou il doit répartir cet impôt sur toute la propriété qui court risque de périr, ou il doit forcer tout le monde à s'assurer. Le système actuel n'a rien qui le défende ni qui le justifie.

Ici se présente une question de principe : Les rentes françaises doivent-elles l'impôt comme les autres valeurs ?

L'affirmative ne semble pas douteuse. Mais jusqu'ici ces valeurs ne supportent que le droit de mutation par décès.

Toutefois, il faut bien observer qu'en ménageant ses rentiers, l'Etat obéit à la plus vulgaire probité. Car un impôt annuel ne serait qu'une retenue pratiquée en violation du contrat passé entre le Trésor et ses créanciers, dans un moment difficile.

Et puis, si d'une façon absolue les emprunts sont une mauvaise chose, ils existent et rien ne dit que l'Etat n'aura plus recours au crédit et que le grand livre est fermé pour toujours. Aussi, la morale est-elle ici d'accord avec l'intérêt pour conseiller de respecter absolument les conditions de la dette publique.

D'ailleurs, le bénéfice que la nation retire de cette conduite n'en est pas moins certain pour être indirect. Plus ses rentes sont d'un prix élevé, plus il a de liberté vis-à-vis de ses créanciers, mieux il est à même de profiter du bon marché des capitaux pour les rembourser ou bien pour traiter d'une réduction d'intérêts. Or, à bien prendre, cette réduction est l'équivalent de l'impôt qu'il sacrifie tous les ans. Il n'est pas douteux qu'un manque à ses engagements aurait pour conséquence de reculer le cours du pair si profitable aux affaires. Les titres de l'emprunt Morgan ont pu déjà être convertis; le 5 pour cent dépasse 100 francs et augmentera certainement encore à la faveur d'un état politique stable et à l'abri de surprise. En exemptant ses rentes de l'impôt, la France fait donc acte de sagesse financière et prépare l'amortissement de sa dette.

§ 3. Timbre proportionnel.
Impôts de Circulation.-Consommation.

Certaines valeurs n'ont pas de lien juridique ou bien leur possession n'a pas, dans les mêmes mains, une durée suffisante pour en permettre le recensement. Ce sont celles que nous avons soumises à l'impôt, en leur substituant des équivalents basés sur des faits, des présomptions qui accusent leur importance. On pourrait les diviser en deux classes : les valeurs destinées à sortir du courant commercial pour se fixer entre les mains de leurs acheteurs; les autres que la consommation anéantit au fur et mesure de ses besoins.

La loi les frappe à leur apparition, dès que les nécessités de l'échange ou de l'approvisionnement les amènent à la surface ; elle les recherche partout où elle soupçonne leur existence frauduleuse ; et c'est ainsi qu'elle a été conduite à l'exercice.

Une fois dans cette voie, le législateur ne sait plus s'arrêter : il commence par franchir le seuil des citoyens dont la profession lui inspire peu de sympathies. Ses agents pénètrent chez le cabaretier, le débitant d'alcool. Le public n'y voit pas d'inconvénient ; l'habitude fait même trouver le procédé moral. Puis, le fisc pénètre de la cave du débitant de boisson, dans la brasserie, dans les sucreries, les entreprises des messageries, dans les sociétés par actions, et il ne se contente plus de recenser les marchandises et les matières fabriquées, il a la prétention de prendre communication des écritures, des livres, des correspondances.

Cette situation est excessivement grave et elle est incompatible avec le respect du domicile qui doit être absolu. Pas d'inquisition; pas d'investigtions dans les livres des commerçants. Les principes en pareille matière sont aujourd'hui méconnus sous l'empire de la nécessité, mais il faut revenir au plus vite à la loi commune.

On a dit à peu près tout ce qu'il y a à dire sur les impôts de circulation et de consommation. Pour nous, ils ne sauraient d'aucune façon se rattacher à la loi de proportionnalité puisqu'ils ne visent pas les facultés du contribuable mais ses besoins.

Nous nous bornerons à quelques critiques particulières :

Ainsi, pour le timbre proportionnel, le droit est de 1,50 pour 1,000 francs de capital. Tout le monde connaît cet impôt. Mais à côté de cette taxe applicable aux effets de commerce, on a créé un droit fixe très-léger, 10 cent. et 20 cent., spécialement pour les chèques. Quels sont ceux qui profitent de la faveur? Ceux-là seuls qui ont des provisions en espèces et qui peuvent créer des mandats à vue, c'est-à-dire les gros commerçants qui ont des avances et qui n'escomptent pas leurs factures à terme.

Encore, ce n'est pas tout. Les effets impayés à l'échéance acquittent, au moment du protêt, un nouvel impôt proportionnel d'enregistrement. On ne saurait être plus impitoyable envers les moins aisés des commerçants.

Les taxes sur les objets de consommation ont pour effet de faire augmenter le prix des choses nécessaires à la vie. Ce sont celles qui dérogent le plus à la loi de proportionnalité, qui sont les plus impopulaires et qui doivent disparaître les premières.

Il est difficile de parler des impôts de consommation sans dire quelques mots de la grosse question des octrois.

Avec les comptes individuels que nous proposons, il ne serait pas plus difficile de supprimer les taxes locales que les impôts généraux qui ne rentrent pas dans la loi de proportionnalité. Cependant, il se présente une grosse objection venant de ce que les comptes individuels ne comprennent pas le recensement des titres des sociétés, des valeurs industrielles, des fonds d'Etat, etc.

Ces valeurs n'échappent pas à l'impôt général qui se perçoit au siège même des sociétés, sauf répartition. Il y a là une pratique fort commode et qu'on ne saurait guère abandonner, surtout à cause des titres au porteur. C'est donc une grosse part de la fortune qui échapperait à la taxe locale. En voulant créer des centimes additionnels pour remplacer l'octroi, on n'arriverait qu'à grèver les immeubles et les autres valeurs relevées à la comptabilité, mais on fausserait la loi de proportionnalité du montant de la taxe applicable à toute une série de valeurs importantes.

On ne saurait non plus rendre débiteur de la ville de Paris un campagnard de l'Auvergne et c'est ce qui arriverait avec des centimes additionnels ajoutés à l'ensemble du budget de l'Etat.

Et cependant, ce n'est pas à dire que le campagnard de l'Auvergne ne soit pas intéressé à voir disparaître les octrois. Au contraire, il en profiterait beaucoup parce que les barrières des grandes villes arrêtent la consommation et l'empêchent de se développer : le producteur est donc atteint au même degré que le consommateur. C'est pourquoi, il est juste, dans une certaine mesure, d'associer la production agricole et industrielle aux dépenses des villes. Nous disons dans une certaine mesure bornée aux charges d'un caractère indispensable et général, dont l'influence est profitable à toute la nation.

Ainsi, on ne saurait méconnaître que certaines dépenses qui se rapportent aux sciences, aux arts, à l'industrie, aux échanges, aux marchés, à la sécurité publique, à la justice, à l'administration, présentent un caractère de nécessité et de profit général. Donc, c'est à tous de les payer.

Mais il ne faut pas aller plus loin. Il est absolument nécessaire de maintenir un budget spécial pour toutes les dépenses locales. Autrement, si l'État en arrivait à admettre à son budget toutes les charges municipales, il ne laisserait ni responsabilité, ni initiative aux communes : c'est à celui qui paie à ordonner les dépenses, et cette perspective justifie notre proposition.

Conservons donc les budgets particuliers en les dégageant de toutes les dépenses qui sont d'ordre public et qui s'imposent d'une manière absolue, et voyons comment nous arriverons à faire face à celles qui incombent à chaque commune.

Aujourd'hui, les centimes ajoutés aux contributions directes suffisent dans un grand nombre de cas. Il faudra donc les maintenir à la taxe unique où ils se trouveront mieux répartis et d'une façon plus conforme à la proportionnalité. L'impôt de mutation transformé momentanément et appliqué à l'accroissement réel des fortunes particulières fournira l'appoint : Il a l'avantage de frapper, surtout dans les déclarations de succession, toutes les valeurs, aussi bien les capitaux recensés aux comptes individuels que ceux recensés aux siéges des sociétés sans en excepter mêmes les rentes sur l'Etat.

Tous les impôts de cette nature perçus aujourd'hui pour le compte exclusif de la nation, seraient dès maintenant augmentés de décimes dans la circonscription des villes à octrois et dans la proportion des charges couvertes par les taxes d'entrée, et attribués aux municipalités par affectation spéciale. Il n'est pas nécessaire de procéder brusquement en cette matière : on peut prendre tous les ménagements d'une sage transition. Mais on ne voit pas pourquoi on n'étudierait pas cette question en cherchant à la trancher dans le sens que nous indiquons.

Une considération qui déjà a été exposée, l'association du producteur et du consommateur, peut aider à la solution. Elle justifierait l'augmentation de l'impôt direct et permettrait l'abaissement des taxes accidentelles, afin de laisser à ces dernières plus d'élasticité au profit des villes. Le vigneron, le cultivateur de betteraves, le fabricant de sucre, d'alcools, de savon, etc., le cultivateur qui approvisionne de viande, de volailles, etc., retrouveraient dans l'augmentation à la vente du prix de leurs produits, le sacrifice qu'ils auraient accepté dans le partage de l'impôt.

Ainsi pour nous résumer :

Maintien au budget des municipalités des dépenses ayant un caractère exclusivement local ;

Participation dans une certaine mesure à ces dépenses, du producteur concurremment avec le consommateur ;

Diminution des taxes accidentelles de mutation et report des différences à l'impôt direct et annuel ;

Application à ces droits de mutation ainsi allégés, dans la circonscription des villes à octrois, des décimes variables suivant les besoins spéciaux, et affectation de ces décimes aux taxes de consommation, en commençant par les plus lourdes et les plus impopulaires.

Telles sont les mesures par lesquelles on peut espérer adoucir de suite les charges si lourdes pour les classes pauvres qui habitent les grandes villes, en attendant qu'on arrive à leur répartition conforme à ce grand principe qui revient si souvent dans cette étude : la proportionnalité. Nous l'avons trouvé formulé énergiquement dans les cahiers de 1789, ce principe, et c'est par lui que nous jugeons toutes les conceptions fiscales. Il ne se discute pas, il s'impose : il est dans la conscience, et on ne peut l'enfreindre sans violer la notion de justice.

Et voyez comme tout s'enchaîne ! La raison publique accepte courageusement, fièrement les conséquences de nos désastres, elle en donne des preuves à toute occasion, et pourtant, dans un de ses derniers messages, M. le Président de la République constate que la fraude, en matière d'impôts, fait des progrès et menace de tarir la source d'une partie des produits. Et cela malgré la surveillance, les amendes, les pénalités de toute sorte édictées depuis quatre ans.

Qu'est-ce que cela prouve ? Sinon que certaines taxes qualifiées d'impopulaires, sont en contradiction avec cette loi si absolue de proportionnalité, et qu'elles visent autre chose que les éléments de richesse. De là, des protestations qui se traduisent par des fraudes, c'est-à-dire par la désobéissance aux lois, et le mensonge dans les contrats.

La fraude passe par-dessus le budget; elle conduit à des habitudes désastreuses pour la morale ; elle fausse la conscience, et, à ce point de vue, elle mérite l'attention sérieuse du moraliste et de l'homme d'Etat.

Nous disons donc aux administrateurs des finances :

Quittez la voie dans laquelle vous vous engagez de plus en plus, car elle vous mène à la provocation, à la lutte, et finalement à cet état violent qui caractérisait l'ancien système des fermes pendant les années qui ont précédé 1789.

Les administrations financières de l'Etat.

Il nous reste, pour terminer cette étude, à jeter un coup d'œil rapide sur les grandes administrations chargées dè la perception de l'impôt. Nous leur a-vons déjà adressé le reproche de s'isoler chacune dans sa sphère particulière et de manquer d'ensemble dans la répartition des charges publiques. Ce vice d'organisation est surtout sensible pour les deux administrations de l'enregistrement et des contributions directes, qui s'adressent aux mêmes valeurs et qu-trouveraient à la fois avantage et économie à centraliser les documents de contrôle dont elles se servent, l'une pour la taxe accidentelle, et l'autre pour la contribution annuelle.

L'administration des douanes et des contributions indirectes, comme celle des contributions directes, sont purement fiscales : c'est-à-dire qu'elles ne visent que la matière imposable. A la vérité, les douanes ont eu autrefois à défendre l'industrie nationale contre le travail étranger ; mais il est incontestable que le courant économique en matière de production et d'échange tend tous les jours à restreindre leur rôle protecteur. L'administration de l'enregistrement, au contraire, se rattache au ministère public et aux tribunaux par la surveillance qu'elle exerce dans les études des officiers ministériels. Créée et développée au dix-septième siècle, elle fut chargée d'assurer, sous le nom de contrôle, une date certaine à tous les actes et de donner rang aux hypothèques alors occultes. Depuis, son rôle a été amoindri : il se borne aujourd'hui à donner date aux contrats sous signatures privées et à constater l'état matériel des actes publics et authentiques. Sous ce rapport, son action profite au public au-delà de ce qu'on peut supposer, et il est nécessaire de maintenir ses attributions.

Pour prix de ce service, l'Etat applique aux actes de toute nature des taxes fixes ou proportionnelles. Ces dernières sont éminemment fiscales et nous les avons examinées en traitant des droits de mutation et des impôts accidentels. Les premières ne devraient être que rémunératrices ; et, à ce point de vue, il est nécessaire de les tenir au taux le plus bas, afin de ne pas contrarier la constatation écrite des conventions civiles et commerciales. Les contrats faisant loi pour ceux qui les souscrivent, l'ordre et la justice sont intéressés à leur existence parce que, en cas de contestation, le magistrat y puise une décision plus sûre et plus rapide que dans toute autre preuve légale.

Au surplus, tout a été dit la-dessus.

Si l'intérêt social demande la modération des taxes fixes appliquées aux contrats, l'intérêt économique demande aussi un tarif bien pondéré pour les taxes postales et télegraphiques. La richesse publique trouve dans le concours des postes et des télégraphes, une puissance de développement dont elle ne saurai, se passer. Aussi, cette solidarité impose-t-elle à cet administrations, des vues larges et élevées. Le bénéfice direct à retirer du service rendu n'est ici que secondaire ; avant tout, il s'agit de faciliter l'activité des correspondances pour que cette activité profite an progrès des affaires et réagisse d'une façon heureuse sur les autres chapitres du budget.

Ces quelques considérations suffisent pour indiquer la voie qui s'ouvre aux administrations financières:

Direction unique répondant à un code fiscal unique;

Centralisation des archives en tant que cette amélioration profite à l'assiette et au contrôle des différents impôts établis sur les mêmes valeurs;

Modératiou des taxes lorsqu'il s'agit des contrats et des correspondances.

Un dernier principe dont la mise en pratique serait d'une bonne économie pour l'Etat, ce serait de diviser les agents en deux catégories. Les uns ayant l'initiative et la responsabilité du service ; les autres ayant la partie matérielle, l'ordre des bureaux, l'expédition des écritures, etc.

Or un fait constant, c'est que non-seulement un employé qui a reçu une grande instruction coûte plus cher que celui qui a l'intelligence moins cultivée, mais encore c'est qu'il produit moins de travail dans les choses secondaires pour lesquelles il éprouve une répugnance involontaire que le second ne partage pas.

Le commerce pratique cette vérité d'observation, et il ne paie pas un service plus cher qu'il ne vaut. Tout se réduit là et l'Etat doit s'inspirer des mêmes règles économiques.

Conclusion de la 3me partie.

Le lecteur s'apercevra facilement que nous avons évité de descendre dans les détails de l'impôt accidentel qui est si multiple et si compliqué qu'il faudrait des volumes pour en faire la critique complète. Il ne s'agit pour nous que d'une simple démonstration, et nous nous trouverons satisfaits d'avoir montré la marche à suivre pour arriver, sans secousse, à l'impôt unique, en commençant par fondre en une seule, toutes les taxes d'origines et de natures différentes frappant les mêmes valeurs.

Ainsi, comme exemple, les droits de timbre, de transfert et de revenus sur les titres nominatifs et au porteur.

Il y a là tout un champ à exploiter et fécond en résultats pratiques.

Dans notre pensée, il est indispensable de supprimer certaines taxes qui froissent et indisposent le sentiment public ; il est nécessaire aussi de s'arrêter dans la voie de recensement à domicile qu'on appelle exercice. On peut bien compter chez un débitant de boissons les pièces de vin qu'il a dans sa cave, mais compulser les livres et la correspondance d'un fabricant, d'un banquier, d'une société par actions, ce n'est plus du recensement, c'est de l'inquisition toute pure. Ce sont la des choses urgentes et qui s'imposent les premières, et nous avons la confiance que le gouvernement trouvera dans l'administration financière, le dévouement et le désintéressement nécessaires pour conduire à bonne fin ce vaste travail de réforme.

Résumons :

La science de l'impôt n'est pas constituée par la simple cause d'un défaut d'entente.

Les économistes ont parfaitement démontré que la seule base équitable de l'impôt, celle qui contrarie le moins la production de la richesse, c'est le capital réel, c'est-à-dire la véritable fortune de chacun ressortissant de son inventaire annuel, l'actif diminué du passif.

Mais ils n'ont pas trouvé la mise en pratique de leur système, qui reste, de la sorte, à l'état d'utopie. Il faudrait pour l'appliquer, ou bien se fier à la bonne foi des déclarations des contribuables, ou bien employer des procédés empiriques dont les résultats sont aléatoires et contestables, ou bien encore recourir sans ménagements à l'inquisition et à l'exercice : Ces moyens odieux qui répugnent de plus en plus à nos mœurs et que tous les bons particiens condamnent.

Les représentants du pays à l'Assemblée nationale ont résolu le problème que la crise affreuse de 1870 rendait si difficile, l'équilibre du budget. Non-seulement ils ont fait face à l'accroissement considérable des dépenses, mais ils ont encore constitué une réserve raisonnable pour l'amortissement régulier de la dette.

Mais, par cela même que nos députés étaient aux abois pour la recherche de ressources financières, et pour l'improvisation de taxes instantanément productives, ils ont dû forcément suivre les errements de leurs prédécesseurs à d'autres moments pénibles de notre histoire, et quitter, malgré eux, la voie tracée par les cahiers de 1789 et dont nous trouvons la puissante empreinte dans les premiers monuments de notre législation civile.

De leur côté, les spécialistes ont donné à la science fiscale une très-forte impulsion. La moindre manifestation publique de matière soumise à l'impôt est habilement saisie, constatée ; la valeur recensée portée en charge. Les idées les plus sainement libérales ont prévalu dans l'application des taxes. Tout en accomplissant son devoir fiscal, tout en faisant produire à l'impôt tout ce qu'il peut donner, l'agent se fait une loi de respecter le citoyen dans l'intimité de ses affaires et de son domicile.

Mais ce qui manque à la pratique, c'est une unité de vue et d'action, un plan d'ensemble, une théorie générale, et par suite des principes nets et précis sur la matière : ce qui fait que les moyens acquis par le travail et l'expérience ne sont qu'imparfaitement mis en œuvre et sont loin de produire les résultats qu'on est en droit d'attendre d'une énergique centralisation.

Il est facile de remédier à cet état de choses : c'est de fondre en un tout bien homogène les travaux isolés des trois écoles. Que les économistes empruntent à la science expérimentale ses procédés pratiques ; que de leur côté les spécialistes ne repoussent pas avec persistance les théories pures par peur de l'empirisme, et le problème sera résolu.

Avec la comptabilité en partie double, la richesse particulière dont l'ensemble constitue la richesse publique, peut être recensée directement dans sa plus grande partie et portée exactement et sans double emploi possible, soit au rôle du contribuable, soit à l'inventaire public des sociétés qui ont des titres en circulation. C'est la mise en œuvre plus active des registres qu'emploie déjà le fisc.

On n'inventera rien, on se servira plus judicieusement de ce qui existe ; c'est un point sur lequel nous insistons tout particulièrement.

L'autre partie, la plus faible de beaucoup, celle dont les hommes de la pratique ne manquent pas de s'emparer pour en faire une objection aux économistes afin d'arrêter d'emblée l'impatronisation de la théorie pure, celle-là, en attendant que la quantité des valeurs qui la composent diminue encore d'importance — et l'on peut, à cet égard, s'en rapporter aux hommes de la science expérimentale pour la réduire de plus en plus, ils ont donné, dans ces derniers temps, trop de preuves de leur aptitude pour qu'on n'y compte pas, — celle-là, disons-nous, peut-être atteinte, comme nous l'avons montré, par les procédés de présomption avec une exactitude plus grande que celle obtenue actuellement pour l'assiette des taxes similaires de la patente et de l'impôt mobilier.

Ce résultat considérable, l'unité de l'impôt, l'adoption du seul système fiscal réellement proportionnel, n'est donc plus une utopie : c'est un fait qui, désormais, peut entrer dans la pratique, et, pour peu qu'on le veuille, dans un délai relativement court.

Pour cela, il suffit de mettre en présence « comme le jury anglais pour la prononciation d'un verdict au criminel, » les représentants des différentes écoles et de ne leur permettre de quitter la place qu'après qu'ils se seraient mis complètement d'accord. La science de l'impôt sortirait ainsi complètement constituée de leurs discussions.

En un mot, nous demandons la nomination d'une commission spéciale composée d'hommes éminents parmi les économistes, les jurisconsultes, les financiers politiques et les spécialistes. De leurs lumières et de leur patriotisme sortiraient, nous n'en doutons pas, des résultats aussi complets que concluants.

FIN.

TABLE

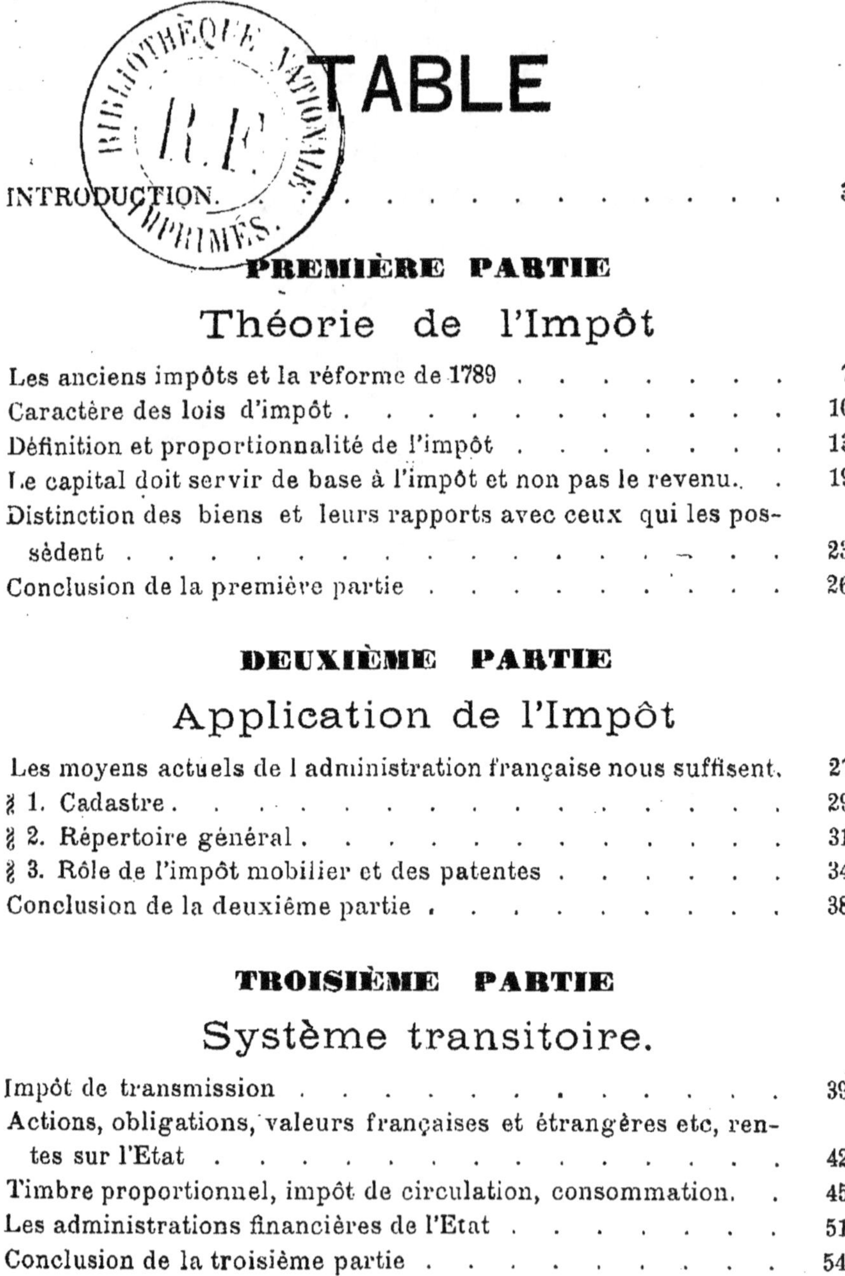

www.ingramcontent.com/pod-product-compliance
Lightning Source LLC
Chambersburg PA
CBHW061219030726
47595CB00004B/1311